Coleção Viramundo

TEDDY CHU

Do campo à mesa
O caminho dos alimentos

Ilustrações: Amanda Grazini

2ª edição reformulada
São Paulo, 2012

MODERNA

© TEDDY CHU, 2012
1ª edição, 2003

COORDENAÇÃO EDITORIAL: Lisabeth Bansi
ASSISTÊNCIA EDITORIAL: Paula Coelho
PREPARAÇÃO DE TEXTO: José Carlos de Castro
COORDENAÇÃO DE PRODUÇÃO GRÁFICA: Dalva Fumiko N. Muramatsu
COORDENAÇÃO DE EDIÇÃO DE ARTE: Camila Fiorenza
PROJETO GRÁFICO: Camila Fiorenza
DIAGRAMAÇÃO: Cristina Uetake
ILUSTRAÇÕES: Amanda Grazini
COORDENAÇÃO DE REVISÃO: Elaine Cristina del Nero
REVISÃO: Nair Hitomi Kayo
COORDENAÇÃO DE *BUREAU*: Américo Jesus
TRATAMENTO DE IMAGENS: Fábio N. Precendo
PRÉ-IMPRESSÃO: Helio P. de Souza Filho, Marcio Hideyuki Kamoto
COORDENAÇÃO DE PRODUÇÃO INDUSTRIAL: Wilson Aparecido Troque
IMPRESSÃO E ACABAMENTO: Forma Certa Gráfica Digital
LOTE: 799.957
COD: 12074456

Dados Internacionais de Catalogação na Publicação (CIP)
(Câmara Brasileira do Livro, SP, Brasil)

Chu, Teddy
   Do campo à mesa : o caminho dos alimentos /
Teddy Chu ; ilustrações Amanda Grazini. —
2. ed. — São Paulo : Moderna, 2012. —
(Coleção Viramundo)

ISBN 978-85-16-07445-6

   1. Alimentos (Ensino fundamental) 2. Nutrição
(Ensino fundamental). I. Grazini, Amanda.
II. Título. III. Série.

11-12452   CDD-372.37

   Índices para catálogo sistemático:
   1. Alimentos : Ensino fundamental   372.37

Reprodução proibida. Art.184 do Código Penal e Lei 9.610 de 19 de fevereiro de 1998.

Todos os direitos reservados
EDITORA MODERNA LTDA.
Rua Padre Adelino, 758 – Quarta Parada
São Paulo – SP – Brasil – CEP 03303-904
Vendas e Atendimento: Tel. (11) 2790-1300
www.moderna.com.br
2024
Impresso no Brasil

À professora Rose Jordão, por suas sugestões e seus comentários.

Ao meu marido, Alberto Palou Juan, por seu incentivo durante a realização deste trabalho.

Aos meus filhos Eduardo, Ricardo e Alexandre, que me devolveram ao universo infantil repleto de *porquês* e *como assim*.

SUMÁRIO

A história deste livro, 8

O campo: aqui começa a nossa história, 10

Da coleta ao cultivo dos vegetais, 14

    Uma força para a natureza, 15

Descobertas e invenções, 17

    Trabalhadores do campo, 19

Da caça à domesticação de animais, 22

    Cuidando dos animais, 24

Do campo à mesa, 26

    Muitos caminhos pela frente, 28

Do trigo ao pão, 32

    Uma deliciosa receita de pão, 35

À mesa: aqui termina a nossa história, 36

    Por uma alimentação mais saudável, 38

Despertando o mestre-cuca em você, 39

A HISTÓRIA DESTE LIVRO

Para crescer e manter o nosso corpo e a nossa mente saudáveis, é muito importante dormir bem, fazer exercícios e, principalmente, cuidar da alimentação. É do alimento que retiramos energia para a realização de diferentes atividades, como estudar, praticar esportes, viajar e tantas outras coisas.

Mas quando estamos comendo, nem passa pela nossa cabeça os lugares onde os alimentos são produzidos nem as pessoas responsáveis para que eles cheguem até nós.

Na nossa frente vemos apenas o alimento. Parece até que ele apareceu ali, ou que caiu do céu. Mas não é assim!

Você sabia que os alimentos que consumimos vêm de um lugar bem diferente de onde geralmente vivemos? Debaixo de sol ou de chuva, milhares de pessoas estão produzindo e cuidando para que nada falte na nossa mesa.

Pois bem, este livro foi escrito para contar esta história: a viagem dos alimentos, do campo até a nossa mesa.

Você vai conhecer muitas coisas, entre elas o lugar onde os alimentos são produzidos, um pouco sobre a vida dos trabalhadores do campo, como se criam os animais, como se cultivam as plantas e como se faz o pão. E vai aprender que o respeito ao alimento é tão importante quanto o próprio alimento.

O CAMPO: AQUI COMEÇA A NOSSA HISTÓRIA

Como é gostoso sentir o cheirinho de mato, fazer caminhadas, subir em árvores, ouvir o galo cantar... Ficar junto da natureza, observando pássaros, borboletas, ao som do barulhinho de uma cachoeira, de água correndo entre as pedras de um riacho...

Você gostaria de conhecer um lugar como esse? Então, vamos fazer uma viagem imaginária. Vamos conhecer o ambiente do campo.

Respire fundo. Ar puro! Essa é a primeira sensação que temos quando estamos no campo. Poluição? Fumaça? Também existem! Quando se queima o mato para plantar ou formar pasto, quando se faz fogueira na festa de São João ou quando se ligam os motores dos tratadores utilizados na lavoura.

No campo, também conhecido como *zona rural*, ao lado de extensas áreas cobertas por plantações e pastos formados para a criação de animais, também podemos ver terrenos ainda cobertos de vegetação nativa, colinas, rios com águas cristalinas, muitos pássaros e outros animais da natureza.

Um lugar assim nos convida a apanhar fruta no pé, subir em árvores, colher verdura fresquinha, tomar leite "ao pé da vaca", nadar, pescar, andar a cavalo, pisar no barro... É bom também caminhar e observar os elementos da natureza bem de perto.

Olhando tanta beleza e tanta área verde, a gente sente o quanto é importante preservar a natureza. Porém, mantê-la intacta, nem sempre é possível. A realização das atividades humanas provoca modificações no meio natural.

Nas fazendas e roças, dá para ver como se ordenham as vacas, como se alimentam as galinhas, como os trabalhadores preparam a terra, fazem as colheitas, lidam com enxadas, **arados** e tratores.

Dá para ver, também, como parte do ambiente natural foi modificada para dar lugar, por exemplo, às plantações de café, trigo, cana-de-açúcar, laranja, milho; às pastagens de bois, ovelhas e cabras; às instalações de granjas para a criação de aves e produção de ovos, e aos armazéns para guardar o que foi produzido.

E quem é que cuida de tudo isso? Os trabalhadores do campo, que iniciam suas atividades antes mesmo de o sol nascer. Eles passam a maior parte do dia plantando, colhendo e cuidando dos animais. E, como dizem, "vão dormir com as galinhas", isto é, geralmente dormem logo ao anoitecer, quando aparecem as primeiras estrelas no céu.

E, por falar em estrelas, é possível ver milhares desses pontinhos luminosos enfeitando a noite. E o luar... Como é bonito!

Não pense que no campo as pessoas só trabalham e dormem! Elas também realizam outras atividades: vão à escola, a cultos religiosos, ouvem rádio, veem televisão, visitam familiares e amigos, fazem animadas festas, jogam bola, entre tantas outras.

Como você pode observar, a paisagem e o trabalho no campo são bem diferentes daquilo que estamos acostumados a ver na cidade, conhecida também como *zona urbana*. Mas muitas atividades são bem parecidas.

arado
instrumento utilizado para lavrar a terra, ou seja, remexer a terra para o plantio; pode ser mecânico ou conduzido pelo lavrador e puxado por um animal.

Na cidade, a natureza é menos preservada. Há uma grande quantidade de casas e prédios, viadutos e avenidas, fábricas, carros e caminhões, pessoas indo e vindo com pressa, principalmente nas grandes cidades. É uma outra paisagem, diferente do ambiente do campo.

Você também pode observar que na cidade não há espaço para plantações nem para pastagens, como ocorre no campo. Por isso, é na zona rural que se realiza a produção da maior parte dos alimentos consumidos, principalmente pelas populações das cidades. É do campo que vem o que comemos.

Agora que você já conhece um pouco do espaço e da vida no campo, vamos ver como se desenvolvem as atividades no dia a dia desse ambiente.

DA COLETA AO CULTIVO DOS VEGETAIS

Antigamente, no início do período conhecido como pré-história, as pessoas não plantavam e não criavam animais. Elas viviam daquilo que a natureza fornecia.

Quando a região em que viviam já não oferecia mais alimentos para a sobrevivência, elas saíam em busca de outros lugares onde houvesse água, animais para caçar, peixes, frutos, ovos, mel e outros alimentos.

Com o tempo a população foi crescendo e nossos antepassados perceberam que não podiam depender apenas da coleta e dos animais que caçavam.

Passaram, então, a domesticar alguns animais e a plantar, depois que observaram que as sementes germinavam e davam origem a novas plantas. Assim surgiu a agricultura: plantavam, colhiam e armazenavam o que era possível, e tinham carne e leite à disposição.

Desde então, plantar o alimento e criar animais para o próprio sustento tornaram-se atividades permanentes para a sobrevivência.

Você sabia?
Quando começaram a plantar, nossos antepassados utilizavam pedras pontiagudas, galhos afiados ou lascas de ossos para cavar e remexer a terra. Ainda não haviam inventado instrumentos próprios para a agricultura.

Uma força para a natureza

Todos nós precisamos de alimento para viver. Os vegetais também. Mas como será que eles se alimentam?

Observe o crescimento de um pé de feijão. Você verá que, para germinar e crescer no solo, o feijão vai precisar principalmente de luz e água. Esses elementos são encontrados na natureza: a terra, o sol, o ar e a chuva. São eles que alimentam as plantas.

Além de contar com esses elementos, os vegetais cultivados podem receber outros tipos de alimentos.

Para auxiliar a natureza e aumentar a produção de alimentos, os agricultores passaram a misturar ao solo adubo orgânico, como esterco animal ou restos de vegetais, fortalecendo as plantações e tornando-as mais resistentes. Mas isso não foi suficiente.

Você sabia?

O alimento orgânico é cultivado sem a ajuda de qualquer produto químico. Tudo é natural. Por isso, exige cuidados especiais: sua produção é mais trabalhosa, sua aparência nem sempre é atraente, mas o produto é bem saudável.

Com o passar do tempo, os laboratórios criaram produtos para combater insetos, ervas daninhas, doenças, fungos e outras pragas que prejudicam a lavoura. E, também, produtos para adubar a terra. Assim, para cada tipo de plantação, e para atender às suas necessidades, foram desenvolvidos produtos especiais, com a finalidade de produzir alimentos em maior quantidade e com melhor aparência.

Esses produtos especiais são conhecidos como agrotóxicos. São produtos químicos utilizados para combater as pragas das lavouras. Se não forem utilizados corretamente, podem causar danos à saúde dos agricultores e à nossa também.

DESCOBERTAS E INVENÇÕES

Para auxiliar os agricultores em suas atividades, foram desenvolvidas ferramentas, máquinas e técnicas especiais.

Ao longo do tempo, pedras pontiagudas, galhos e lascas de ossos foram sendo substituídos por enxadas, facões, arados, carros de boi, tratores, colheitadeiras...

Além desses instrumentos, outras ideias também foram desenvolvidas. Por exemplo: às vezes a chuva não vem e quando vem nem sempre é suficiente. E sem chuva a vegetação não resiste! Por isso, foi criada a irrigação, uma forma de distribuir a água através de canais ou pela pulverização.

A irrigação é uma técnica bem criativa para regar a lavoura. Com ela, foi possível transformar a terra seca de algumas áreas do sertão nordestino em grandes produtoras de frutas como abacaxi, mamão, melão, uva e manga. Boa parte desses alimentos é exportada, isto é, vendida para outros países.

Com o objetivo de aumentar a produtividade rural, agricultores, engenheiros agrônomos e cientistas pesquisam cada vez mais.

Foi assim que os pesquisadores descobriram, em laboratórios, que é possível produzir alimentos mais resistentes, uma superplanta, conhecida como transgênico. A soja, o trigo, o milho, o arroz, o tomate são exemplos de alimentos que estão sendo produzidos dessa forma em alguns países.

Os vegetais transgênicos são mais resistentes ao ataque de pragas e contribuem para diminuir o uso dos agrotóxicos. Além disso, o tempo gasto para sua produção pode ser programado. É sem dúvida uma grande descoberta, não é mesmo? Porém, ainda não se sabe com segurança se podem ou não fazer mal à nossa saúde. Por isso, a produção do **alimento transgênico** é motivo de muita polêmica. Há países que não aceitam a comercialização desses produtos até que se prove que eles não são prejudiciais para o consumo.

Como você pode ver, muitas ideias vêm sendo desenvolvidas para melhorar a agricultura, visando a qualidade e a quantidade de alimentos.

Mas é importante lembrar que, ao lado desses avanços, muitos produtores ainda utilizam técnicas não recomendáveis. Alguns, por exemplo, usam o fogo como meio fácil de limpar a terra para depois formarem plantações e pastagens. Outros desmatam imensas áreas, mais que o necessário para suas produções. Essas ações, infelizmente, acabam desgastando o solo e agredindo a natureza, provocando, assim, graves consequências ao meio ambiente.

Trabalhadores do campo

Não bastam máquinas, pesquisas, descobertas e invenções. Sem os trabalhadores do campo, os camponeses, que moram no campo, nada acontece. Eles são a mão de obra responsável pelo preparo do solo, pelo plantio e pela colheita. São eles que produzem o alimento que chega à nossa mesa.

A maioria desses trabalhadores rurais é contratada somente em algumas épocas do ano, principalmente durante o plantio e a colheita. São trabalhadores temporários.

alimento transgênico
aquele que teve suas características originais modificadas, devido à mistura com outros organismos vivos; na agricultura, isso ocorre muito com as sementes das plantas.

Esses trabalhadores são madrugadores, pois antes de surgirem os primeiros raios de sol já estão na estrada para pegar os caminhões que vão levá-los às fazendas. Lá estão as imensas plantações de trigo, de soja, de milho, de café, de cana-de-açúcar, de arroz, de batata, de mandioca, além de lavouras de hortaliças e pomares de árvores frutíferas.

Os boias-frias, homens e mulheres, trabalham de sol a sol e, apesar de realizarem uma tarefa tão importante, como a de produzir o alimento que consumimos, nem sempre têm o seu próprio sustento garantido. São trabalhadores que recebem pelo que produzem, ou seja, quanto mais trabalham mais recebem. Mal remunerados, ganham pouco pelo muito que realizam. Por isso, é comum a presença de crianças no campo, pois elas ajudam os pais no sustento da família. Crianças que deveriam estar brincando e frequentando a escola.

Apesar de as leis brasileiras proibirem o trabalho infantil, é comum encontrar crianças com apenas cinco anos de idade realizando tarefas no campo. É preciso mudar essa realidade, criando condições para que os pais possam sustentar suas famílias, sem necessidade do trabalho infantil. Toda criança tem direito a viver a sua infância.

Você sabia?

No Brasil, os trabalhadores rurais temporários são conhecidos como *boias-frias*, porque fazem a refeição no mesmo ambiente em que trabalham, sem ter tempo para esquentar a comida. No Nordeste e no Centro-Oeste, são também conhecidos como *corumbas* ou *volantes*.

Os trabalhadores do campo têm, ainda, outras dificuldades. Às vezes não encontram trabalho na época da colheita porque a produção foi perdida, seja por falta de chuva ou chuva demais, seja pela presença de pragas ou quando são substituídos pelas máquinas. E, sem trabalho, muitos acabam saindo do campo para tentar a sorte nas cidades, onde, geralmente, acabam marginalizados.

Como você pode ver, preparar o solo, plantar, colher não são tarefas simples. É preciso muito trabalho, muita dedicação e criatividade. E, muitas vezes, torcer para que a chuva venha na hora certa, para que não haja seca prolongada ou frio demais. Por isso precisamos dar valor ao alimento nosso de cada dia.

Mas não é só na agricultura que se baseia nossa alimentação. Existem outras fontes de alimento que também vêm do campo.

DA CAÇA À DOMESTICAÇÃO DE ANIMAIS

Além das plantações, os pastos, os currais, os viveiros ou as granjas também compõem a paisagem rural. Os animais ficam cercados nessas áreas para não se perderem, para receberem cuidados especiais ou para não destruírem as plantações.

Na pré-história, era uma verdadeira aventura caçar animais, utilizando apenas galhos e pedras! Mas, era preciso enfrentá-los, pois eles é que forneciam carne para a alimentação e peles para as vestimentas.

Foram os caçadores daquele tempo que descobriram que alguns animais podiam ser criados em cativeiro e domesticados.

Essa atividade de domesticar e criar animais em quantidade deu início ao que chamamos de *pecuária*. Vamos, então, conhecer alguns tipos de animais criados aqui no ambiente do campo.

Se observarmos as pastagens, vamos nos deparar com ovelhas cobertas de lã, bois espalhados ou andando sob o toque do **berrante**, cabras pastando... Nos currais, porcos inquietos, sempre fuçando à procura de alimento.

Os animais mamíferos, de maior tamanho, domesticados para garantir a produção, são conhecidos como *gado*. Aqueles que são destinados ao nosso consumo normalmente são criados em rebanhos. Por exemplo: o rebanho de gado bovino é formado por bois e vacas; o de caprino, por bodes e cabras; o de ovino, por carneiros e ovelhas; o de suíno, por porcos e porcas.

No campo também se criam aves como galos e galinhas, patos e patas, perus e peruas, avestruzes, codornas, que têm suas carnes muito apreciadas, assim como os ovos produzidos pelas fêmeas.

Além desses animais, criam-se abelhas, uma atividade que está se desenvolvendo cada vez mais. Elas fabricam o mel e ajudam a levar o pólen de uma planta para outra, contribuindo para a reprodução dos vegetais.

Peixes, crustáceos e rãs são outros exemplos de criações realizadas em grandes lagos ou viveiros e comercializados como alimento.

berrante
instrumento feito de chifre de animais. Parecido com uma corneta, é utilizado por boiadeiros para conduzir o gado.

Cuidando dos animais

Assim como os vegetais, os animais também precisam de um reforço na alimentação.

Capim e outros vegetais nem sempre são suficientes para que os animais cresçam fortes e saudáveis, ou, ainda, no tempo desejado pelos criadores. Por isso, muitos produtores reforçam sua alimentação com ração, além de vitaminas, quando necessário. A soja e o milho são alguns dos produtos utilizados no preparo da ração animal.

Mesmo com uma boa alimentação, os animais devem ser vacinados para a prevenção de doenças, como a febre aftosa, que ataca principalmente os bovinos. Os animais contaminados ficam com muitas aftas ou feridas na boca e, por isso, não conseguem se alimentar e acabam morrendo.

Além disso, a higiene também é muito importante. Tanto os animais como os lugares em que eles ficam e os alimentos servidos devem estar sempre limpos.

Preparar as pastagens e os cercados, alimentar e vacinar animais, limpar currais, recolher ovos, **ordenhar** vacas e cabras são atividades que precisam também de muitos trabalhadores e de muitas horas de dedicação.

Assim como acontece na agricultura, também nas granjas, as galinhas poedeiras são confinadas para produzir ovos. Na pecuária há muitos técnicos especializados em desenvolver a melhor maneira de criar animais para consumo. Porém, muitos pecuaristas insistem em destruir a natureza ocupando a terra com imensas pastagens em busca do lucro mais rápido.

ordenhar
tirar o leite do animal de forma manual, espremendo as tetas, ou de forma mecânica, com aparelhos próprios para essa finalidade.

DO CAMPO À MESA

Até aqui você teve uma ideia de como se desenvolve a agricultura e como são criados os animais.

Primeiro foi preciso preparar a terra, plantar e semear. Depois foi preciso cuidar da produção e, finalmente, colher, seja por meio de máquinas ou de forma manual.

O mesmo se deu com os animais. Primeiro foi necessário preparar as pastagens, os viveiros e criadouros. Depois vieram os animais e os cuidados necessários. O próximo passo é preparar os alimentos para que possam deixar o campo.

É preciso selecionar as frutas, os legumes e as verduras e depois acomodá-los em caixotes ou embalagens próprias. É preciso, também, ensacar os grãos, refrigerar as carnes, limpar os ovos delicadamente e tomar outros cuidados necessários para que o alimento chegue ao seu destino em perfeitas condições.

Você sabia?
Existem micróbios "do bem", ou seja, bactérias que são utilizadas na produção de queijos, iogurte, coalhada... O iogurte, por exemplo, além de saboroso e muito saudável, aumenta a resistência do corpo contra as doenças.

Muitos alimentos, como o milho, a soja, o arroz e o trigo, antes de seguirem viagem, são levados para as usinas de beneficiamento. Algumas delas ficam dentro das próprias fazendas. Nessas usinas, os grãos recebem um tratamento especial, como seleção, descascamento, polimento, moagem. Alguns são transformados em farinha, óleo ou ração animal.

O leite também passa por tratamento especial antes de ser levado para as cidades. Ele é pasteurizado, isto é, fervido e resfriado várias vezes, para eliminar os micróbios e os germes que normalmente existem nele. Depois de tratado, também pode ser transformado em outros alimentos, como manteiga, margarina, requeijão, queijo, iogurte.

Naturais ou transformados, os alimentos deixam a zona rural prontos para serem levados aos centros de distribuição e abastecimento, que em geral estão nas cidades.

SUPERMERCADO

Muitos caminhos pela frente

Ao sair do campo, os alimentos são transportados para diversos lugares de onde serão distribuídos. Faça chuva ou faça sol, percorrem curtas e longas distâncias, acomodados em embalagens especiais, nos caminhões, trens ou navios. E quando se trata de alimento perecível, isto é, que se estraga com facilidade, precisa ser acondicionado em câmaras frigoríficas, uma espécie de geladeira que conserva o alimento em bom estado durante certo tempo.

Para se ter uma ideia da distância que um alimento pode percorrer, veja o caso do trigo. Produzido principalmente no sul do país, no estado do Paraná, depois de transformado em farinha, é ensacado e distribuído pelo Brasil afora, como os estados do Nordeste. Que viagem!

Quando os alimentos finalmente chegam aos centros de abastecimento, começa outra etapa: a comercialização dos produtos. Donos de supermercados, de mercearias, de sacolões ou de barracas de feiras livres escolhem e compram os produtos que serão vendidos em seus estabelecimentos.

Mas não pense que essa história termina aqui. Agora, por entre ruas e avenidas, o alimento ainda precisa fazer pequenas viagens antes de chegar à mesa do consumidor.

Quando estamos entre as prateleiras de um supermercado ou entre as barracas da feira livre, temos a impressão de que os alimentos — frescos, congelados, embalados ou não — sempre estiveram ali. No nosso dia a dia não nos damos conta desse longo e trabalhoso caminho nem da quantidade de pessoas envolvidas para que o alimento chegue à nossa mesa.

E muitas vezes também nos esquecemos de que, apesar de termos hoje alimentos de vários tipos, em quantidade suficiente e de boa qualidade, milhões de pessoas ainda são subnutridas ou passam fome. Isso acontece porque há uma grande desigualdade social; porque há **safras** perdidas, causadas por mudanças climáticas no planeta, como grandes secas e inundações. Enquanto muitos têm uma alimentação rica e abundante, outros, muitas vezes, não conseguem ter o mínimo para matar a fome.

safra
resultado do que foi produzido na agricultura durante um ano.

Você sabia?
Já somos mais de 7 bilhões de pessoas no mundo, e cerca de 1 bilhão passa fome. São dados recentes da ONU (Organização das Nações Unidas). Isso é uma vergonha para a humanidade.

Além da exclusão social e das dificuldades impostas pela natureza, não permitindo que todos tenham acesso aos alimentos, há também o problema do desperdício, que começa lá mesmo no campo. Perde-se muito durante a colheita, na armazenagem, no transporte e também na comercialização dos produtos.

O combate à fome e ao desperdício deve ser o objetivo principal de cada sociedade, de cada governante, de cada cidadão.

Atualmente, em algumas cidades brasileiras, prefeituras e centros de abastecimentos estão transformando sobras de alguns produtos (verduras e legumes, principalmente) em nutritivos sopões, que são distribuídos à população carente.

DO TRIGO AO PÃO

Como você viu, produzir alimento e fazer com que ele chegue até a nossa mesa envolve muitas pessoas e muito trabalho. São várias etapas para que o produto chegue ao consumidor final.

Vamos utilizar o pão como exemplo, um alimento tão antigo e com tantos significados para diferentes povos.

Primeiro é preciso lembrar que o pão um dia foi farinha, que antes de ser farinha era grão, que antes de ser grão era flor, que antes de ser flor era semente. E, para que uma semente brote, é necessário ter terra e alguém para cultivá-la.

Assim é a produção do pão. Ela começa na terra.

No verão, as sementes do trigo são lançadas ao solo e o calor da terra faz crescer pequenas raízes. Depois, começam a aparecer as primeiras folhinhas verdes que cobrem todo o campo. Em seguida, com a chegada do outono, as folhas param de crescer, permanecendo assim até o inverno.

Logo vem a primavera e as folhas começam de novo a crescer. Depois que as plantas se desenvolvem, no alto dos seus caules surgem as primeiras espigas ou florescências. Cada uma delas é composta de muitas e pequeninas flores sem néctar, sem pétalas e sem perfume, que em poucos dias se transformam em frutinhos verdes. É dentro deles que está o grão de trigo.

A partir daí, o trigo vai amadurecendo e, ao se aproximarem os meses do inverno seguinte, os agricultores se preparam para colher as espigas de trigo amarelas e sequinhas.

Começa então a debulha, isto é, a separação dos grãos de trigo.

Depois de todo esse trabalho, os grãos são levados ao moinho, onde são esmagados e transformados em farinha, formando uma imensa montanha branca.

A farinha é ensacada e transportada para os centros de abastecimento, supermercados, padarias e outros estabelecimentos.

É com essa farinha, mais sal, água e fermento que há muito tempo o pão vem sendo produzido.

33

É claro que muita coisa mudou. Hoje, não se amassa mais a massa com os pés, nem se assam os pães sobre pedras quentes ou debaixo de cinza.

Além disso, graças às inovações tecnológicas, é possível fazer duas colheitas de trigo por ano, sem que a terra perca sua produtividade.

E nesse tempo todo, muito se fez para aperfeiçoar a arte de fazer pão.

E não importa se o pão é fresco ou amanhecido, francês, italiano, português ou sírio, se é de mel, de milho, de batata, preto ou integral. O pão continua sendo chamado de o *rei dos alimentos*, não só pelo seu valor nutritivo, mas também por ser consumido pela maioria dos povos.

Além de pães, outras coisas gostosas podem ser feitas com a farinha de trigo. É o caso do macarrão, de bolos, roscas, tortas, pizzas, pastéis, por exemplo.

Você sabia?

Foram os antigos egípcios que acrescentaram o fermento à farinha para torná-la mais leve e macia. Depois de tudo amassado, deixavam a massa crescer e modelavam os pães, que iam para o forno de barro bem quente para assar.

Uma deliciosa receita de pão

Ingredientes

60 gramas de fermento biológico

1 quilo de farinha de trigo

1 xícara (de chá) de óleo

4 colheres (de sopa) de açúcar refinado

2 ovos inteiros batidos

1 copo (200 ml) de leite morno

1 colher (de café) de sal

2 gemas batidas

Modo de preparar

Em uma vasilha de vidro ou de plástico misture primeiro o fermento e o leite, em seguida acrescente os outros ingredientes, deixando por último a farinha. Misture bem até ficar uma massa lisa e uniforme. Em seguida, deixe a massa descansar por aproximadamente 15 minutos. Você vai perceber que ela cresceu, dobrou de volume.

Quando a massa estiver crescida, retire pedaços pequenos e vá modelando os pãezinhos da maneira que desejar. Coloque-os na assadeira polvilhada com farinha de trigo. Pincele-os com as gemas batidas e depois leve tudo ao forno médio, já aquecido, por aproximadamente 15 minutos. Quando estiverem dourados, estarão prontos!

Atenção! Para fazer essa receita, peça ajuda a um adulto, principalmente na hora de acender o forno.

À MESA: AQUI TERMINA A NOSSA HISTÓRIA

Sentar-se à mesa é mais do que somente o ato de comer e atender às nossas necessidades básicas de alimentação. É também um momento agradável de estar entre pessoas queridas. É a hora de repor as energias, de contar as novidades e, é claro, de elogiar quem preparou tudo com carinho, dando aquele sabor especial aos alimentos.

Durante a leitura deste livro, você foi percebendo os diferentes tipos de trabalho necessários para que os alimentos cheguem à sua mesa.

As plantações precisam de sol, de chuva, de boa terra e de muitos outros cuidados. Os animais necessitam de alimentação especial, vacinas e ambientes adequados.

Como você pôde ver, são todos trabalhos importantes, em especial aquele realizado pelos camponeses e por todas as pessoas que participam do transporte dos alimentos.

Uma forma de agradecer por todo esse esforço e dedicação é não desperdiçando, qualquer que seja o alimento. Por isso, durante as refeições, sirva-se somente da quantidade que você vai consumir. Isso é uma demonstração de educação e de respeito aos alimentos.

Por uma alimentação mais saudável

Estabelecer horários para realizar as refeições e dar preferência aos alimentos mais saudáveis é a receita básica para manter o nosso desenvolvimento físico e mental. Mas buscar esse equilíbrio não é fácil.

Nem sempre é possível fazer as refeições em casa. Por falta de tempo ou por comodidade, muitas pessoas se alimentam em restaurantes que vendem alimentos por quilo ou acabam se utilizando dos chamados *fast-food* (alimento rápido).

Em geral, esses alimentos rápidos se transformam em enormes sanduíches, de vários "andares", com muitos recheios, muitos sabores, molhos e sempre acompanhados de refrigerante e batatas fritas.

De vez em quando, comer assim é até gostoso, mas fazer disso um hábito não é nada saudável. Embora esses alimentos tenham sua origem lá no campo, a forma como são conservados acaba prejudicando o seu valor nutritivo.

38

DESPERTANDO O MESTRE-CUCA EM VOCÊ

Que tal agora, depois de conhecer um pouco o mundo dos alimentos, ir para a cozinha e preparar um prato delicioso?

Selecionamos algumas receitas simples, saudáveis e bastante criativas, procurando utilizar todas as partes dos alimentos, principalmente aquelas que, em geral, desprezamos. Você vai perceber que cozinhar é mesmo uma arte!

Agora, escolha uma das receitas indicadas, reúna a sua família ou chame alguns amigos para saborear uma refeição preparada por você. Ao pôr a mesa, cuide para que não falte nada: uma toalha bonita, pratos, copos, talheres, guardanapos, tudo bem arrumado.

Atenção! É preciso ter cuidado ao usar o fogão, facas e outros objetos de cozinha. Ao pegar panelas quentes, utilize luva própria ou um pano grosso. Peça sempre a ajuda de um adulto.

Abobrinha ao forno

Ingredientes

2 abobrinhas médias descascadas ou não e cortadas em cubos

1 cebola pequena bem picadinha

1 dente de alho picado

1 pitada de orégano

2 colheres (de sopa) de azeite ou óleo

150 gramas de queijo mussarela fatiado

Sal a gosto

Lembre-se: Se preferir descascar as abobrinhas, as cascas podem ser utilizadas em outra receita.

Modo de preparar

Numa assadeira, misture a abobrinha, a cebola, o alho e os temperos. Leve para assar em forno médio, já aquecido, durante 15 minutos. Retire a assadeira do forno e cubra a abobrinha com as fatias de mussarela. Leve novamente ao forno por mais 5 minutos.

Salada de berinjela

Ingredientes

2 berinjelas médias descascadas ou não e cortadas em cubos

1 xícara (de chá) de salsinha e cebolinha bem picadas

5 azeitonas verdes picadas

Sal, azeite e vinagre a gosto

Lembre-se: Se preferir descascar as berinjelas, as cascas podem ser utilizadas em outra receita.

Sugestão: Você pode substituir a berinjela por beterraba, chuchu, batata ou mandioquinha, conhecida também como batata-baroa ou batata-salsa. Observe apenas o tempo de cozimento.

Modo de preparar

Em uma panela com água, cozinhe a berinjela durante 20 minutos, aproximadamente, até que esteja macia. Depois de tirá-la do fogo, deixe esfriar e escorra bem a água. Coloque a berinjela e os outros ingredientes numa saladeira e misture bem. Esse prato pode ser servido com carnes, pães e massas.

Omelete com cascas de abobrinha e de berinjela

Ingredientes

2 ovos inteiros

Casca de 1 abobrinha ou berinjela média picada

Meia colher (de sopa) de farinha de trigo

Meia colher (de sopa) de fermento em pó

Meia cebola picada

1 colher (de sopa) de óleo

Sal a gosto

Modo de preparar

Misture bem as claras e as gemas em uma vasilha de vidro ou de plástico. Junte aos ovos a farinha de trigo e o fermento em pó e reserve. Em uma frigideira grande, aqueça o óleo em fogo médio, junte as cascas, a cebola e o sal. Quando estiver tudo bem douradinho, abaixe o fogo e despeje os ovos batidos. Espere fritar um pouco e com uma escumadeira vire a omelete para fritar do outro lado.

Salada de frutas

Ingredientes

6 maçãs descascadas e cortadas em cubos

6 pêssegos descascados, descaroçados e cortados em cubos

3 bananas descascadas e cortadas em rodelas

1 mamão pequeno descascado e cortado em cubos

1 copo de suco de laranja

Açúcar a gosto

Lembre-se: As cascas da maçã, do pêssego e da laranja podem ser utilizadas em outras receitas.

Modo de preparar

Coloque todos os ingredientes em uma vasilha de vidro ou de plástico, misture e regue com o suco de laranja.

Sugestões: Você ainda pode acrescentar outras frutas como morango, carambola, uva e abacaxi, por exemplo. Se quiser, você ainda pode servir essa salada com sorvete, creme de leite, leite condensado ou *chantilly*.

Bolo de chocolate

Ingredientes
2 xícaras (de chá) de farinha de trigo peneirada
1 xícara (de chá) de chocolate em pó
1 xícara e meia (de chá) de açúcar refinado
1 xícara (de chá) de óleo
1 xícara (de chá) de água morna
3 ovos inteiros
1 colher (de sopa) de fermento em pó

Modo de preparar

Numa tigela média misture os ovos, o açúcar, o óleo e o chocolate. Acrescente aos poucos, sem parar de mexer, a farinha, a água e o fermento, até ficar uma massa pastosa e por igual.

Despeje a massa do bolo em uma assadeira média, **untada** com manteiga e **polvilhada** com farinha de trigo.

Peça para um adulto colocar a massa para assar em forno pré-aquecido durante, aproximadamente, 30 minutos. Não abra o forno enquanto o bolo estiver assando.

Para saber se o bolo está assado, peça para um adulto espetá-lo com um palito ou garfo. Se sair limpo, estará pronto. Espere esfriar para retirar da assadeira.

Sugestão: Se quiser, você poderá servir o bolo com uma deliciosa cobertura de chocolate.

untar
passar a manteiga na parte interna da assadeira (pode ser com um guardanapo de papel).

polvilhar
cobrir de pó, no caso, de trigo; enfarinhar.

Cobertura de chocolate

Ingredientes

3 colheres (de sopa) de açúcar refinado
3 colheres (de sopa) de chocolate em pó
3 colheres (de sopa) de leite
1 colher (de sopa) de manteiga

Modo de preparar

Misture todos os ingredientes em uma panela pequena. Leve ao fogo baixo e vá mexendo até formar uma calda grossa. Em seguida, despeje essa calda sobre o bolo. Espere esfriar. Agora é só servir e saborear!

Geleia de cascas de maçã e de pêssego

Ingredientes

Cascas de 6 maçãs e de 6 pêssegos
1 xícara (de chá) de açúcar mascavo
1 xícara (de chá) de açúcar branco
1 colher (de sobremesa) de suco de limão
1 colher (de café) de manteiga

Modo de preparar

Corte as cascas das frutas em tiras bem fininhas.

Numa panela média, junte todos os ingredientes. Deixe ferver em fogo baixo até formar uma calda grossa. Mexa devagar com uma colher de pau e quando desgrudar do fundo da panela (ponto de doce), estará pronto. Deixe esfriar e sirva. Fica delicioso com torradas e queijo branco.

Sugestão: Essa receita pode ser feita também com a casca de outras frutas, como laranja, pera e manga, por exemplo.

TEDDY CHU

Nasci em Taiwan, numa pequena ilha do Pacífico, e ainda menina imigrei com meus pais para o Brasil. Cresci na cidade de São Paulo, numa época em que as crianças brincavam na rua. Eu empinava pipa, jogava queimada. Eram as minhas brincadeiras favoritas.

Na infância, costumava passar o verão no sítio de meu avô materno no interior de Goiás. Lá, aprendi a debulhar o milho para dar aos patos, a fazer farinha, e que sabugo podia virar comida de porco. Descobri o quanto é bom mexer na terra e sentir o cheirinho dela molhada.

Iniciei a carreira aos 17 anos, como professora na educação infantil. A partir daí, me apaixonei pela profissão. Continuei estudando, e mais tarde me formei em geografia. E, de lá pra cá venho me dedicando à educação nos ensinos fundamental e médio. Falo de lugares e pessoas, do modo como elas vivem e se relacionam, e como lidam com a natureza.

Da união entre duas grandes paixões que tenho na vida, a de aprender e a de ensinar, nasceu a ideia deste livro.

Espero que goste dele.

Teddy Chu